THICH NHAT HANH

Ilustrado por Jessica McClure

¿POR QUÉ EXISTE EL MUNDO?

Preguntas infantiles y respuestas zen
sobre la vida, la muerte, la familia
y todo lo demás

Traducción al castellano de David González

editorial Kairós

Título original: Is Nothing Something?
Kids' Questions and Zen Answers About Life, Death, Family, Friendship,
and Everything in Between
by Thich Nhat Hanh

© de la edición española:
2014 by Editorial Kairós, S.A.
Numancia 117-121, 08029 Barcelona, España
www.editorialkairos.com

Ilustrations copyright © 2014 by Jessica McClure
Edited by Rachel Neumann
Design by Debbie Berne

© de la traducción del inglés al castellano: David González Raga
Revisión: Alicia Conde
Fotocomposición: Moelmo, S.C.P. Girona, 53. 08009 Barcelona
Impresión y encuadernación: Índice. Fluvià, 81-87. 08019 Barcelona

Primera edición: Noviembre 2014
ISBN: 978-84-9988-414-1
Depósito legal: B 20.007-2014

Las buenas preguntas no necesariamente son largas.
Si salen del corazón, pueden beneficiar a mucha gente.

Las preguntas incluidas en este libro son preguntas de verdad formuladas por niños de verdad. Yo siempre trato de dar respuestas que ofrezcan lo mejor de mí. Y, aunque sea mucho mayor que los niños que me las han formulado, no parece existir, cuando nos sentamos y respiramos juntos, diferencia alguna entre nosotros. Todos somos una prolongación de los demás.

THICH NHAT HANH

¿Por qué existe el mundo?
6

¿Es la nada algo?
7

¿Qué aspecto tiene Dios?
8

¿Cuánto tiempo voy a vivir?
9

¿Por qué el sol calienta tanto?
10

¿Qué es el mindfulness?
11

¿Por qué hay días buenos y días malos?
12

¿Por qué tenemos que reciclar las cosas? ¿Por qué no las tiramos simplemente?
14

¿Por qué la gente se pelea?
15

Yo quería a mi abuelo, pero murió. ¿Cómo podría estar todavía con él?
16

¿Cómo puedo estar tranquilo cuando veo tantas cosas malas a mi alrededor?
17

¿Cómo puedo amar a alguien a quien le gustan cosas diferentes de las que me gustan a mí?
18

¿Por qué a veces me siento solo y creo que nadie me quiere?
19

¿Cómo puedo controlar mi mal humor?
20

¿Qué haces tú cuando tienes miedo?
22

¿Cómo puedo dejar de preocuparme tanto?
23

¿Qué debo hacer cuando me siento triste?
24

¿Qué tengo que hacer cuando una persona se siente mal y quiero ayudarla a sentirse mejor?
25

¿Por qué los niños ven la televisión?
26

¿Cómo sabes si alguien es un amigo de verdad?
30

Cuando mis padres se divorciaron, se pelearon mucho. ¿Por qué no pueden vivir juntos?
27

¿Por qué mi hermano se porta tan mal conmigo?
28

Acabo de cambiar de escuela. ¿Cómo puedo hacer nuevos amigos?
33

¿Qué puedo hacer cuando tengo problemas con una persona, pero me da vergüenza hablar con ella?
31

¿Por qué a veces siento que una persona está contra mí?
32

¿Por qué los monjes y las monjas no coméis carne?
37

¿Qué es la meditación y por qué meditan las personas?
35

¿Por qué hay personas que, cuando meditan, escuchan una campana?
36

Respiración con plena consciencia
46

¿Quién fue el Buda?
39

¿Quién es Thich Nhat Hanh?
40

¿Puedo darte un abrazo?
45

Paseo con plena consciencia
47

¿Por qué existe el mundo?

Aunque nadie sepa por qué existe el mundo, todos podemos disfrutar de él. En el mundo hay muchos milagros. Tu cuerpo es un milagro, las flores son un milagro y las estrellas también son un milagro. Es una lástima ver solo las cosas desagradables. Aun las cosas que no parecen hermosas empiezan siendo un milagro. ¿No crece acaso en el lodo la flor de loto? Sin lodo, la flor de loto no puede existir. La flor de loto es un milagro, como también lo es el lodo. Y, cuando adviertes los milagros que te rodean, empiezas a disfrutar de la vida entera.

¿Es la nada algo?

Sí. La nada es algo. Tú tienes, en tu cabeza, una idea de lo que es la «nada» y también tienes una idea de lo que es «algo», y ambas pueden provocar sufrimiento o felicidad.

¿Qué aspecto tiene Dios?

Dios se muestra de formas muy distintas. Podemos ver a Dios en una flor, en el sol, en un río o en un amigo. Dios no tiene una forma concreta y siempre se manifiesta en la belleza presente aquí y ahora.

¿Cuánto tiempo voy a vivir?

Tengo buenas noticias que darte al respecto porque, si lo contemplas con atención, te darás cuenta de que vivirás eternamente. Tú nunca morirás, solo cambiarás de forma. Tú eres como una nube. Una nube puede convertirse en nieve o en lluvia, pero no puede morir. También eres como una ola que, después de su aparición y desvanecimiento como tal, sigue formando parte del océano. Tu aspecto cambia, pero tú no desapareces.

¿Por qué el sol calienta tanto?

Cada cosa posee su propia naturaleza, es decir, el modo en que se supone que es. Si el sol no calentase tanto, los seres vivos no tardarían en morir. Necesitamos el sol para conservar el calor y poder vivir, del mismo modo que necesitamos que el árbol sea verde y las personas amables. Los niños pueden ejercitar la bondad y la amabilidad caminando y respirando con plena consciencia. Los niños hacen lo que tiene que hacer, el sol hace lo que tiene que hacer y nosotros también hacemos lo que tenemos que hacer.

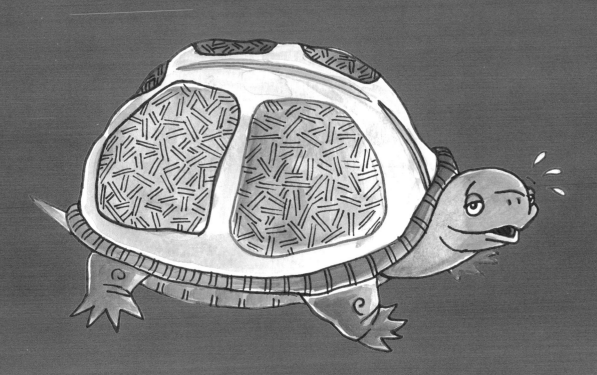

¿Qué es el mindfulness?

El mindfulness es energía, la energía que nos ayuda a disfrutar de lo que ahora mismo sucede. La energía de la plena consciencia puede llenarnos de alegría. Nos ayuda a sufrir menos y a aprender de nuestro sufrimiento. Una buena forma de obtener la energía de la plena consciencia consiste en cerrar los ojos y respirar tranquilamente. Presta atención a tu respiración. Disfruta de la inspiración y de la espiración y crearás la energía de la plena consciencia.

¿Por qué hay días buenos y días malos?

Saludamos diciendo «¡Que tengas un buen día!» porque queremos que los demás disfruten del hecho de estar vivos. Pero a veces las cosas se complican. Podemos romper o dañar algo o alguien puede maltratarnos o dañarnos, en cuyo caso, no tardamos en olvidarnos de la necesidad de cobrar conciencia de nuestra respiración.

Hay veces en que nuestra mente se queda atrapada en las cosas negativas que nos han sucedido y en lo que está mal y se olvida de las cosas positivas y de lo que está bien. Pero, de ese modo, olvidamos lo bueno que es caminar sobre la Tierra.

Es muy útil recordar pasear y respirar con consciencia plena. La plena consciencia es una forma de magia que convierte en bueno un día malo. Y, cuando nos acordamos de respirar y caminar con consciencia plena, nos sentimos tan bien que se disuelven todos nuestros sentimientos negativos.

Hay una forma de empezar la jornada que garantiza, desde el mismo comienzo, que ese será un buen día. Siéntate con tu familia antes de salir de casa. Si tenéis una campana, escuchad tranquilamente su sonido y ejercitad luego la respiración con plena consciencia diciendo: «Inspiro y me tranquilizo. Espiro y sonrío». Empieza así el día y verás que todo va mejor.

¿Por qué tenemos que reciclar las cosas? ¿Por qué no las tiramos simplemente?

Porque no queremos convertir este hermoso
planeta en un basurero. Queremos conservar
su belleza para que los niños que todavía
no han nacido puedan disfrutar de él
y disfrutar de un aire limpio.

El enfado y los celos también son una forma
de basura, pero el mindfulness nos permite
reciclar esos poderosos sentimientos
y convertirlos en nuestros amigos.

¿Por qué la gente se pelea?

Las personas se pelean porque albergan, en su interior, deseo, miedo e ira. Quieren más dinero y objetos y creen que podrán obtenerlos dañando a los demás. El miedo y la ira se derivan de la ignorancia y, si queremos que el mundo esté más en paz, debemos empezar prestando atención a nuestras propias contradicciones.

15

Yo quería a mi abuelo, pero murió.
¿Cómo podría estar todavía con él?

Aunque ya no puedas relacionarte con tu ser querido en su forma
habitual, todavía puedes conectar con él en sus nuevas formas.
La semilla de maíz se convierte en una planta que, a su vez, da
origen a mazorcas, que contienen nuevas semillas. Tu abuelo es,
en este sentido, la semilla original y tú la nueva semilla. Tú eres
su prolongación. Y como, de alguna manera, tu abuelo sigue vivo
en todas y cada una de las células de tu cuerpo, puedes tener con
él las conversaciones que quieras.

16

¿Cómo puedo estar tranquilo cuando veo tantas cosas malas a mi alrededor?

Cuando veo violencia o crueldad, me enfado. Todos nos enfadamos a veces, pero podemos aprender a cuidar de nuestro enfado. Si prestamos mucha atención, nos daremos cuenta del gran sufrimiento que albergan, en su interior, las personas crueles. Y, cuando vemos eso, podemos ser compasivos y contribuir a llevar la paz a un entorno que no es muy pacífico. Podemos emplear la respiración y la consciencia plena para convertir la energía de la ira en compasión y contribuir así a reducir el sufrimiento ajeno.

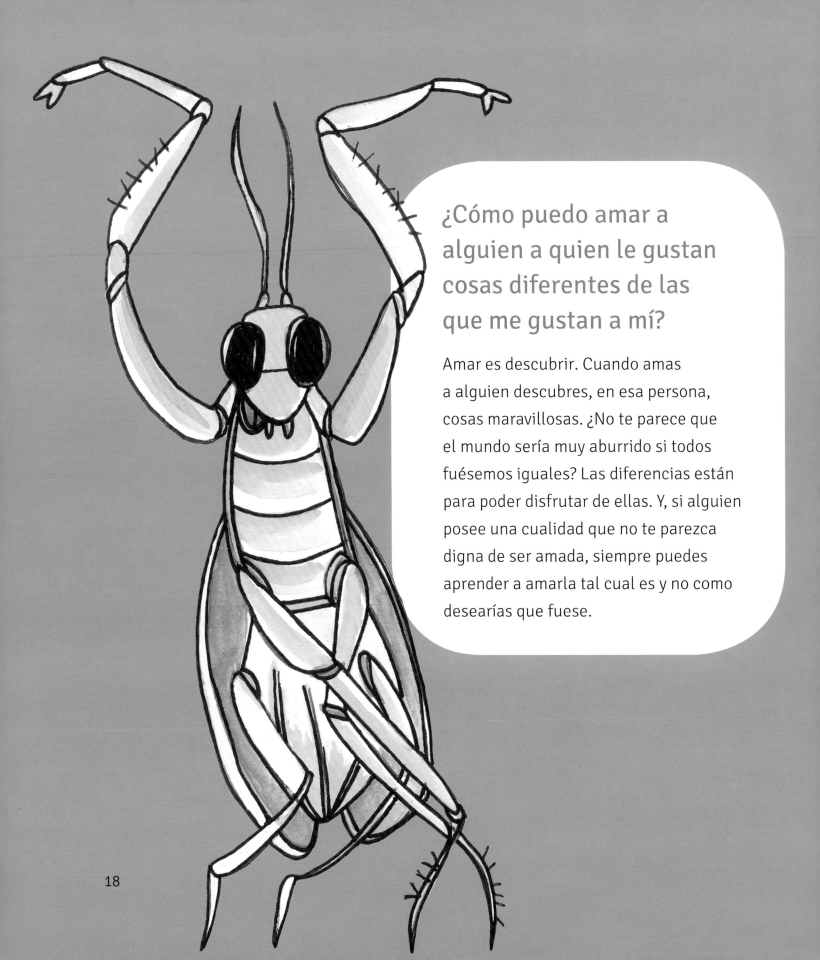

¿Cómo puedo amar a alguien a quien le gustan cosas diferentes de las que me gustan a mí?

Amar es descubrir. Cuando amas a alguien descubres, en esa persona, cosas maravillosas. ¿No te parece que el mundo sería muy aburrido si todos fuésemos iguales? Las diferencias están para poder disfrutar de ellas. Y, si alguien posee una cualidad que no te parezca digna de ser amada, siempre puedes aprender a amarla tal cual es y no como desearías que fuese.

¿Por qué a veces me siento solo y creo que nadie me quiere?

Hay veces en que las personas que te rodean están tan distraídas que olvidan mostrarte su amor. Pero siempre puedes, si consideras que nadie te quiere, echar un vistazo a la naturaleza. ¿Ves un árbol? ¡Ese árbol te quiere! Por ello te regala su belleza y su frescura y te proporciona el oxígeno necesario para que puedas respirar. También la Tierra te quiere y te ofrece agua fresca y frutos deliciosos con los que alimentarte. El mundo expresa su amor de formas muy diferentes, no solo a través de las palabras.

¿Cómo puedo controlar mi mal humor?

Lo primero que tenemos que hacer cuando estamos enfadados es darnos cuenta de que estamos enfadados. A veces estamos enfadados, pero nos negamos a aceptarlo. Cuando estoy enfadado, me gusta hacer un alto, darme cuenta de mi respiración y decir:

Inspiro y me doy cuenta de la ira que hay en mí.
Espiro y cuido de mi ira.

Después de haber cobrado conciencia de tu enfado, puedes ser amable con él. No te empeñes en controlar tu mal humor porque, apenas lo haces, desencadenas una lucha con él que todavía lo empeora más. Permanece junto a tu ira y acéptala y, al cabo de un rato, descubrirás que ya no necesitas explotar. De ese modo, la ira se transformará sola, sin necesidad de dañar a nadie.

21

¿Qué haces tú cuando tienes miedo?

Cuando tenemos miedo, solemos alejarnos de lo que nos asusta. Por ello, cuando yo tengo miedo, respiro profundamente y me tranquilizo. Trato de detener mi pensamiento y respirar. Eso siempre me ayuda. Cuando tengo dolor de estómago, lleno una bolsa con agua caliente, la coloco encima de mi barriga y, a los cinco minutos, me siento mucho mejor. La respiración atenta es, para mi mente, como una botella de agua caliente. Cada vez que respiro atentamente, mi miedo se reduce.

¿Cómo puedo dejar de preocuparme tanto?

Nos preocupamos por cosas que han sucedido en el pasado o por cosas que creemos que podrán suceder en el futuro. Pero también podemos prestar atención al momento presente. Supón que estamos de viaje y sabemos que tendremos que atravesar un puente, algo que obviamente no podremos hacer hasta que lleguemos a él. Por ello digo que, si perdemos el tiempo pensando en cómo lo cruzaremos, desaprovecharemos una ocasión de disfrutar del viaje. Si, por el contrario, permanecemos atentos al presente, podremos cruzarlo sin miedo cuando llegue la ocasión.

¿Qué debo hacer cuando me siento triste?

Una cosa maravillosa que puedes hacer en esos momentos consiste en sonreír a tu tristeza. Se trata de una práctica muy sencilla, pero que tiene un gran efecto. Tu sonrisa es como la luz del sol. Ya sabes que, en mitad de la lluvia, hay veces en que luce el sol. Por ello, cuando sonríes al mismo tiempo que lloras, te conviertes en una especie de arcoíris.

¿Qué tengo que hacer cuando una persona se siente mal y quiero ayudarla a sentirse mejor?

Una de las cosas más sencillas y bondadosas que puedes hacer por una persona que se siente mal es permanecer a su lado y respirar con ella. Puedes decirle «Estoy aquí para ti». Tu presencia es el mejor de los regalos que puedes ofrecer a los demás.

25

¿Por qué los niños ven la televisión?

Hay veces en que los adultos que están a cargo de los niños están tan ocupados que, para que no les molesten, los dejan «enchufados» a la televisión o a un videojuego. Pero esa no suele ser una buena medida porque, de ese modo, acaban absorbiendo, sin darse cuenta, muchos mensajes de avaricia y de violencia. Si pasamos mucho tiempo mirando la pantalla, nos olvidaremos de disfrutar de las cosas hermosas que nos rodean, pero, si solo la miramos en ocasiones especiales, disfrutaremos mucho más de ella.

Cuando mis padres se divorciaron, se pelearon mucho. ¿Por qué no pueden vivir juntos?

Si nuestros padres se separan, no es porque quieran hacernos sufrir, sino porque tropiezan con dificultades insuperables para seguir juntos. Vivir con alguien no es sencillo. Si empiezas a ejercitar el amor y la comprensión siendo niño, te resultará más fácil convivir, cuando seas mayor, con otra persona, porque tendrás mucha práctica con la compasión.

¿Por qué mi hermano se porta tan mal conmigo?

Las personas malas son infelices. Cuando eres feliz no te portas mal con nadie.

Quédate en silencio y pregúntate: «¿Por qué se porta mal esa persona? ¿Qué es lo que hace infeliz a esa persona?». Y pregúntate también si tú te portas mal con tu hermano.

Es todo un reto ser paciente con tus hermanos y hermanas. Habitualmente creemos que son los demás quienes están equivocados y queremos que cambien, pero la verdad es que también nosotros somos parcialmente responsables de su conducta. Cuanto más compasivos, pacientes, amorosos y comprensivos seamos, más fácilmente ayudaremos a cambiar a nuestros hermanos. Pero, para que nuestros hermanos cambien, tenemos que cambiar antes nosotros.

¿Cómo sabes si alguien es un amigo de verdad?

Eso es algo que requiere tiempo. En cada uno de nosotros hay semillas de lealtad y semillas de traición. Si alimentamos nuestra lealtad y nos mantenemos fieles a nuestros amigos, fortaleceremos también su lealtad. No te preocupes tanto por si un buen día tal persona te traiciona y dedícate, por el contrario, a cultivar su lealtad. De ese modo, permanecerá a tu lado y será tu amigo durante mucho tiempo.

¿Qué puedo hacer cuando tengo problemas con una persona, pero me da vergüenza hablar con ella?

Puedes escribir esta pregunta o tu preocupación y por qué te preocupa y entregarle esa nota.

¿Por qué a veces siento que una persona está contra mí?

No esperes que los demás te acepten. Aprende, en su lugar, a aceptarlos y amarlos. Cuando lo haces así, dejas de preocuparte por el modo en que los demás te ven y te concentras más en ofrecerles tu amor. Entonces los demás, al ver eso, son más capaces de expresar el amor y aprecio que sienten por ti.

Acabo de cambiar de escuela.
¿Cómo puedo hacer nuevos amigos?

Una nueva escuela puede ser toda una
aventura. No te preocupes. Deja que las
cosas discurran normalmente. Ya llegarán,
cuando sea el momento, los nuevos amigos.
Cuando vas a las montañas en vacaciones,
descubres árboles, flores y cosas muy
hermosas que nunca antes habías visto
y que tampoco podías predecir. Lo mismo
pasa cuando vas a una nueva escuela.

33

¿Qué es la meditación y por qué meditan las personas?

Meditar es concentrarse y mirar en nuestro interior. Tú puedes sentarte a meditar, pero también puedes meditar cuando vas caminando a la escuela, estás acostado en la hierba o descansas en la cama en mitad de la noche. También meditas cuando estás en silencio y disfrutando de la inspiración y de la espiración. Si sabes sonreír sin esfuerzo, sabes meditar. No es nada difícil.

Si yo te pregunto por qué comes un helado, tú me dirás: «¡Porque me gusta!». Lo mismo pasa con la meditación. Yo medito porque me gusta. Meditar es divertirse.

¿Por qué hay personas que, cuando meditan, escuchan una campana?

El sonido de la campana es la voz de un amigo que te llama para regresar al momento presente. Cualquier sonido que te recuerde la necesidad de prestar atención a la respiración es una campana de la plena consciencia. La campana de la escuela, el timbre del teléfono, el repique de la campana o una alarma de cocina son, todas ellas, campanas de la plena consciencia.

36

¿Por qué los monjes y las monjas no coméis carne?

No comemos carne porque queremos reducir el sufrimiento de los seres vivos. Los seres humanos sufren, pero también sufren los animales. La comida vegetariana es una forma de reducir el sufrimiento de los seres vivos. Nosotros no sufrimos cuando decidimos no comer carne. De hecho, cuando seguimos un régimen vegetariano nos sentimos muy bien, porque estamos ejercitando el amor y la compasión. También tú, aunque no seas monje ni monja mostrarás, si comes menos carne, tu amor y compasión por otros seres vivos y por nuestro planeta.

¿Quién fue el Buda?

Hay muchos budas, pero el más conocido de todos fue Siddhartha, que nació hace 2.600 años en un pequeño reino llamado Shakya, que actualmente pertenece a Nepal. Siddhartha era un príncipe que, cuando se dio cuenta del sufrimiento que aquejaba a quienes le rodeaban, se retiró al bosque, donde practicó durante muchos años buscando el modo de enseñar a las personas a sufrir menos. Así fue como, después de permanecer sentado en meditación mucho tiempo, acabó convirtiéndose en el Buda, una palabra que significa «el Despierto».

En cada uno de nosotros hay un buda, es decir, una persona despierta y compasiva. Cuando perdonamos, amamos o somos bondadosos y compasivos con alguien, ya somos un buda. Pero convertirse en buda no es algo exclusivamente accesible a las personas, sino a todos los animales, ya sean pájaros, peces o ciervos.

¿Quién es Thich Nhat Hanh?

¿De dónde eres?

Soy de muchos lugares. Vengo de mi padre, de mi madre, de mi maestro, del aire, de las nubes y de la Tierra. Vengo de muchos lugares.

¿Qué edad tienes?

Yo soy una continuación del Buda, de modo que tengo 2.600 años.

Pero también soy una prolongación de mi padre que, si estuviese vivo, hoy tendría 100 años.

Y asimismo soy una prolongación tuya, que me acabas de formular esta pregunta, de modo que también tengo 6 años.

¿Cómo eres?

Yo soy como esto. Tranquilidad completa. Y feliz de estar aquí y ahora.

¿Dónde vives y qué es lo que haces allí?

Vivo en una comunidad llamada Plum Village situada en el sudoeste de Francia. En esa comunidad viven muchos monjes y monjas. Y también viven y practican con nosotros personas que no son monjes. Vivimos juntos, nos despertamos por la mañana a la misma hora y nos dedicamos, durante todo el año, a practicar la sentada consciente, el paseo consciente, la cocina consciente, la comida consciente, la limpieza consciente y el trabajo consciente. Disfrutamos mucho.

De vez en cuando vamos a visitar y enseñar a otros países, de modo que tenemos muchos amigos diseminados por todo el mundo. Y, como ellos son nuestra familia espiritual, nuestra familia está repartida por todo el mundo.

¿Cómo es vivir en Plum Village?

Es difícil de describir, de modo que tendrás que visitarlo.
¿Qué le responderías a quien, sin haber probado una naranja,
te preguntase cómo es el sabor de una naranja? Eso es muy difícil
de describir. Lo mismo sucede en este caso. ¡Tendrás que venir
y experimentarlo tú!

¿Haces deporte?

Yo solía jugar al fútbol y al ping-pong, y aún hoy sigo jugando
al ping-pong. Pero lo que más me gusta es caminar con plena
consciencia.

¿No te pones nervioso cuando hablas
ante tantas personas?

¿Y cómo sabes tú que no me pongo nervioso? Recuerdo que,
la primera vez que tuve que ponerme de pie y hablar en público,
estaba muy nervioso. Con la práctica, sin embargo, cada vez estaba
menos nervioso y las charlas salían mejor. De modo que
la respuesta a tu pregunta es no hay que dejar de practicar.

Me pregunto si te gusta tu trabajo.

Sí, me gusta mucho.

¿Cómo decidiste convertirte en monje?

Yo tenía en mi interior esa semilla. De niño vi, en la portada
de una revista, una imagen del Buda sentado tranquilamente sobre
la hierba. Esa imagen me impresionó mucho, porque las personas
que me rodeaban no estaban tranquilas y felices, sino muy
nerviosas. Esa fue la primera vez que quise hacerme monje.
Ser monje es una de las formas de convertirte en buda.

No necesitas, para ser monje, ganar mucho dinero, solo el suficiente para comprar pasta de dientes, llamar a tu familia y visitarlos de vez en cuando. Y, como no necesitas mucho dinero, tampoco tienes que trabajar mucho y dispones de mucho tiempo para ayudar a quienes te preguntan cómo cultivar el mindfulness. Entonces les enseñas a sentarse, caminar y respirar con plena consciencia. Y, cuando puedes ayudar a las personas a sufrir menos y las haces sonreír, te sientes bien. Esa es una gran recompensa. También tú, aunque no seas monje, puedes convertirte en buda. Tú puedes ser un buda en tu vida actual.

¿Por qué los monjes y las monjas se afeitan la cabeza?

Hay muchas formas de responder a esta pregunta. Hay quienes te dirán que porque no quieren gastar mucho dinero en champú. Otros responderán que se trata de un modo de decirles a los demás que son monjes o monjas y no deben esperar que nos casemos con ellos. También es una forma de acordarse de que son monjes o monjas. Y es que, cuando nos miramos en el espejo o nos tocamos la cabeza, recordamos también los votos que hemos hecho para ser monjes y monjas.

¿Por qué te inclinas ante la comida?

Me inclino antes de comer como forma de expresar mi gratitud. Hay tantas personas hambrientas en el mundo que, si tengo la suerte de poder comer, me siento agradecido.

¿Recuerdas algunas de tus vidas pasadas?

Sí. Cuando practico muy profundamente, veo que, en un momento pasado, fui piedra, árbol, ardilla, pájaro, pez, nube y río. Y, si sigo mirando atentamente, veo que todavía soy piedra, árbol, ardilla, pájaro, pez, nube y río. Sigo siendo todas esas cosas. Y tú también has sido y sigues siendo todas esas cosas. Todas esas cosas siguen todavía en nosotros. Nosotros inter-somos con todas esas cosas.

Quizás creas que no eres más que un ser humano. Pero, si miras con atención, verás que tú también eres una nube. ¿Acaso no te bebes cada día una nube sin darte cuenta de ello? La nube se convierte en lluvia y la lluvia es agua que bebemos en forma de té, agua o zumo. La práctica de mirar profundamente nos permite ver las vidas anteriores que, en el presente, llevamos todavía con nosotros.

¿Has hecho daño a alguien a propósito?

He dañado a otras personas sin darme cuenta o debido a mi ignorancia, pero no con la intención de hacerlas sufrir. Yo no quiero hacer sufrir a nadie, pero, como no siempre estoy lo suficientemente tranquilo ni lo suficientemente atento, he dañado a otras personas. Y eso es algo que siempre lamento. Por ello me comprometo a estar más atento y no cometer de nuevo el mismo error.

¿Cuándo empezaste a practicar la paz?

Yo trataba de crear la paz, pero no lo lograba. Un buen día me di cuenta de que inspirar y espirar con plena consciencia podía traer la paz a mi cuerpo y a mi mente. Ese fue el día en que realmente empecé a practicar la paz.

¿Puedo darte un abrazo?

Respiración con plena consciencia

Todo el mundo puede practicar la respiración con plena consciencia. Basta con que lo hagas lenta y amablemente, sintiendo cómo el aire entra y sale de tu cuerpo. La respiración con plena consciencia puede ayudarnos a disfrutar del momento y a darnos cuenta de cuándo nos sentimos felices, sanos, amados y seguros. La respiración con plena consciencia también puede tranquilizarnos y consolarnos cuando nos sentimos dañados, tristes, asustados o enfadados.

Coloca un dedo bajo tu nariz y siente cómo entra y sale de tus fosas nasales. ¡No lo dejes para otro momento! ¡Hazlo ahora mismo! Siente el aire fresco y seco al entrar y siente el aire caliente y húmedo al salir. Siéntate erguido, relájate y, apoyando las manos en tu vientre, observa cómo entra y sale, expandiéndose al inspirar y relajándose al espirar.

Acuéstate en el suelo y observa el ascenso y el descenso de tu vientre. Coloca, sobre tu vientre, un animal de peluche, una flor, una pluma o un pequeño barquito de papel, deja que tu abdomen se expanda y se contraiga al ritmo de la entrada y salida del aire y observa cómo el barquito navega a través de las olas de la inspiración y de la espiración.

Si quieres aprender la respiración consciente, debes practicar regularmente. Puedes practicar en cualquier momento y en cualquier lugar: en un rincón tranquilo de tu casa, esperando el momento de la cena, al aire libre, en el coche, en el autobús escolar y hasta en clase.

Veamos ahora una forma de practicar: acomódate y asegúrate de poder respirar tranquilamente. También puedes, si te gusta más, cerrar los ojos. Date cuenta luego de tu respiración, hacia dentro y hacia fuera. No pretendas cambiar nada. Observa simplemente si tu respiración es corta o larga, profunda o superficial, rápida o lenta. Y, mientras sigues la respiración, imagina que eres una flor fresca y hermosa, una montaña fuerte y sólida, y un lago tranquilo y en calma. Y date cuenta también del inmenso espacio que albergas en tu interior.

Paseo con plena consciencia

Los elefantes son grandes y pesados, pero su paso es suave y cuidadoso. Los gatos saltan rápidamente y su cuerpo es ágil y relajado. Los animales no se preocupan cuando caminan y tampoco arrastran los pies. Imagina que tienes las enormes patas de un elefante bondadoso, las delicadas patas de un gato elegante o las patazas de un avestruz que, con aspecto orgulloso, contempla el horizonte desde el extremo de su elevada cabeza.

Empieza caminando lentamente. No te distraigas hablando ni pensando. Da un paso e inspira y da otro paso y espira. Relájate y siente el contacto de los pies con la superficie de la tierra. Siente el apoyo de las plantas de los pies sobre el suelo. Date cuenta de cómo, al caminar, el apoyo de tus pies se desplaza desde el talón hasta los dedos y acaba luego separándose del suelo. Siente cómo tus pies sostienen el peso de todo tu cuerpo. Apoya todo el peso de tu cuerpo en un pie y luego en el otro. ¿Puedes detenerte y avanzar media zancada sin perder el equilibrio, como lo hace el flamenco? Camina suave y amablemente como si, a cada uno de tus pasos, tus pies besaran la tierra. Da así las gracias a la tierra, a través del paseo con plena consciencia, por proporcionarte el alimento, el aire, el agua y la belleza necesarios para vivir.

Puedes practicar el paseo consciente en cualquier parte. Concéntrate en la respiración, mientras paseas por la calle o te diriges tranquilamente al cuarto de baño. Disfruta del paseo y no te apresures. Y date también cuenta, cuando pasees por el campo, de las hormigas, la oruga, la babosa o el caracol con los que te cruces en tu camino. ¡No los pises! Son nuestros amigos y nuestros compañeros. El paseo con plena consciencia nos permite disfrutar, estemos donde estemos, de estar vivos en este planeta.